TRABAJANDO CON NIÑOS QUE SUFREN EL TRASTORNO OPOSICIONAL, NEGATIVISTA Y DESAFIANTE

TRABAJANDO CON NIÑOS QUE SUFREN EL TRASTORNO OPOSICIONAL, NEGATIVISTA Y DESAFIANTE

WILO VÁZQUEZ

Número de Control de la Biblioteca del Congreso de EE. UU.: 2020908887
ISBN: Tapa Dura   978-1-5065-3248-6
              Tapa Blanda   978-1-5065-3247-9
              Libro Electrónico   978-1-5065-3246-2

Información de la imprenta disponible en la última página.

Fecha de revisión: 12/05/2020

Para realizar pedidos de este libro, contacte con:
Palibrio
1663 Liberty Drive
Suite 200
Bloomington, IN 47403
Gratis desde EE. UU. al 877.407.5847
Gratis desde México al 01.800.288.2243
Gratis desde España al 900.866.949
Desde otro país al +1.812.671.9757
Fax: 01.812.355.1576
ventas@palibrio.com
813103

ÍNDICE

Contenido del libro

Los niños con Trastorno Oposicional desafiante poseen un patrón de comportamiento negativista, desafiante y hostil. Este trastorno se caracteriza por negarse a cumplir las demandas y reglas de los adultos. El diagnóstico de este trastorno es bien complejo. Muchas veces hasta se puede asimilar al trastorno por déficit de atención y ambos son trastornos perturbadores. Es importante mencionar que son los maestros y los padres las personas más cercanas al niño y los primeros en interactuar con ellos.

Respecto las causas del trastorno es muy difícil seleccionar causas específicas ya que a medida que el niño va creciendo se van incorporando muchas conductas inapropiadas y aberradas que se aprenden en el hogar y en el medio ambiente. El trastorno negativista desafiante es frecuente en hogares donde existen conflictos conyugales graves (Sanchis y Romero, 2012). Los niños con el trastorno negativista tienen tendencias a tener pobres relaciones sociales. La falta de apoyo familiar está vinculada con problemas de conducta social. Estos niños son anti-sociales. Recordemos que en los primeros años de la vida del niño los padres tienen un impacto central en sus vidas. Los niños de madres deprimidas tienden a presentar en mayor medida problemas emocionales y somáticos.

Carta de Wilo al lector

He trabajado por más de treinta años con niños que sufren del Trastorno Oposicional Desafiante. He podido relacional el amor de Dios con lo terapéutico. Trabajando con mucha paciencia y dedicación. Los niños con este trastorno por lo general demuestran agresividad y malestar con todo lo que los rodea. El medio ambiente dónde se desarrollan estos pequeños carece de disciplina. Es un ambiente caótico y sufrido. En su crecimiento ha habido maltrato, negligencia y difunción familiar. He tratado de borrar de sus mentes sufrimientos y sin sabores dándoles una nueva esperanza de amor y libertad. En los treinta años de arduo trabajo he sembrado en ellos el amor de Dios. Mis terapias son basadas en la realidad del diario vivir. Si al niño le tocó el ser sexualmente abusado, con ese trauma tenemos que bregar. No pasarlo por alto. Vamos juntos a entrar a resolver el trauma, es ahí donde invitamos a Jesucristo a formar parte de lo terapéutico. Muchos de estos niños jamás habían oído hablar del supremo. Utilizo terapias de juego, terapias de llanto y sobre todo despierto en los chicos el deseo de conocer más de cerca al Creador.

En este pequeño libro encontrarás diferentes estrategias y pasos a seguir para lograr una crianza efectiva y saludable. Nuestros niños necesitan el apoyo y la ayuda de padres responsables y preocupados por su bienestar. El trabajo con los niños que sufren de este trastorno oposicional desafiante no es fácil y requiere que cada miembro de la familia se envuelva en el proceso.

¡Disfrútalo!

Wilo

Dedicatoria

Por lo general una de mis mayores virtudes es la observación. Me gusta mirar el trabajo que hace otros y comparar muchas veces mis respuestas con las de los demás. Utilizo esta técnica porque me ha ayudado a mejorar mi persona. Me encanta mirar y aprender de aquellos seres que han sido bendecidos con sabiduría y conocimiento terrenal.

Hoy quiero que conozcan un ser humano maravilloso. Un Médico lleno de sabiduría y un amante del conocimiento. Este Psiquiatra me ha inspirado y ha creado en mí una sensibilidad espiritual. De él he aprendido paciencia, entrega y sobre todo dedicación en mi trabajo. Sus pacientes lo describen cómo un médico cauteloso y preocupado por el bienestar de cada uno de ellos. Sus enfermeras lo catalogan cómo un hombre callado y agradable. Dispuesto a oír opiniones sin discriminar.

Doctor Rodriguez gracias por su entrega y su ardua labor en todos estos años de trabajo.

Dios te bendiga, querido amigo y compañero.

Wilo

Introducción

A través de los años he podido ver muchos cambios de conductas en los niños. A medida que han pasado los años encontramos dificultades en el desenvolvimiento conductual de ellos. Cambios en el medio ambiente y continúan complicándose las cosas en la crianza de nuestros niños. Por eso es que decimos, ¡"cómo han cambiado los tiempos"!

En mis años de niñez descubrí cosas maravillosas y enterré secretos de conducta que hoy día comienzo a comprender. En mis tiempos y estoy hablando de hace cincuenta años, nuestros juegos y nuestras preocupaciones de niñez eran muy diferentes a las situaciones, juegos y problemas de hoy día. Los niños hoy tienen otras preocupaciones y otros intereses. Decimos esta frase tratando de darle una explicación a nuevas conductas, "Los tiempos han evolucionado" Esta frase nos ayuda a explicar las dificultades que enfrentan nuestros niños.

Cuando me encontraba estudiando mi postgrado en la Universidad del Norte de Texas nos mandaron a una Escuela Conductual donde había niños con toda clase de conductas aberradas. En una de mis Clínicas me topé con un jovencito de unos doce años que sufría de 'Conducta oposicional desafiante'. Era la primera vez que hacia contacto con este trastorno. Recuerdo que me acerque a uno de mis profesores del comité doctoral y le consulte mi situación. Era tanta mi frustración que llegué a pensar que ese jovencito me odiaba. Era un joven con un grado de negatividad asombrosa. Llegue a pensar que lo habían traído a clínica con el propósito de llevarme la contraria. Mi profesor con una sonrisa me comunicó que estos niños están apareciendo con mayor frecuencia en nuestra sociedad. Este trastorno lo podemos ver en los niños que han sido maltratados o de alguna forma han sufrido negligencia. No quiere decir que no existieran en décadas pasadas. Posiblemente no se le conocía como trastorno sino como niños voluntariosos o de mala educación.

Por medio de este librito trataré de darles una explicación tanto científica como *espiritual. Creo que Dios nos ha capacitado para trabajar con niños que sufren de este trastorno oposicional desafiante. Utilizaremos consejos clínicos que nos ayudarán a entender y a sobre llevar a estos niños. Trataré además de explicarte que nuestra labor de parentaje no es tan sencilla como algunas personas creen. Te presentaré técnicas de amor y esperanzas que harán de tu tiempo un disfrute.*

Parte 1

¿Qué es la Conducta Oposicional Desafiante?

La conducta oposicional desafiante entra en el grupo de desórdenes de conducta. Este desorden de conducta es uno de los más comunes encontrados en niños y adolescentes. Los médicos definen la conducta oposicional desafiante como niños desobedientes, hostiles y desafiantes ante figuras de autoridad. Niños y adolescentes con ODD (Oppositional defiant Disorder) por lo general son rebeldes, malcriados, discuten y argumentan con los adultos, no quieren obedecer. Ellos son rebeldes y por lo general tienen dificultad controlando su temperamento. Tengamos en cuenta que por lo general los adolescentes son desobedientes muchas veces, pero cuando hablamos de la conducta oposicional desafiante es algo diferente. Los niños siempre están enojados y por lo general son agresivos verbalmente especialmente con figuras de *autoridad. Las conductas más comunes en los niños y adolescentes con conductas oposicional desafiantes son:*

   a. Desafío, reto con la figura de autoridad.
   b. Hacen cosas malas intencionalmente. Lo hacen para herir, perjudicar y destruir.
   c. hostilidad y agresividad verbal
   d. negatividad

Estos niños con el trastorno oposicional desafiante son muchas veces expulsados de las escuelas o llevados a hospitales de conducta para ser evaluados y medicados. Una vez esto ocurre ellos vuelve a sus escuelas y a sus casas con unas conductas más aceptables. Seguir un tratamiento para estos niños es un poco difícil. Este trastorno de conducta viene acompañado de un problema bastante serio de Salud Mental. Este desorden de conducta trae consigo un sin número de conductas desordenadas que si no son tratadas a tiempo nuestros jóvenes terminan siendo delincuentes y aceleran el proceso de riesgo en substancias controladas. Muchos padres se aferran a la idea de que sus hijos son inmaduros y cambiarán a medida que vayan creciendo. Es muy necesario comenzar con un tratamiento a temprana edad para que los resultados sean positivos. El tratamiento a temprana edad ayudará a algunos niños y jóvenes a sobrepasar esta etapa de su vida. El tratamiento consiste en una combinación de terapias incluyendo terapia de conducta, entrenamiento a los padres y terapia de familia. Algunos niños y jóvenes se beneficiarán con medicamentos. Con el tratamiento niños y jóvenes pueden sobrepasar el trastorno de conducta oposicional desafiante. En terapias estos niños aprenderán destrezas que les ayudarán a manejar el coraje. También aprenderán técnicas para enfrentar situaciones de tensión. El tratamiento también, ayudará a los padres a encontrar nuevas formas disciplinarías para recompensar buenas conductas.

Síntomas

¿Cuáles son los síntomas del niño que sufre del trastorno oposicional desafiante? (ODD).

La mayoría de los síntomas en niños y jóvenes ocurre al mismo tiempo que con los niños normales. Podemos observar niños normales teniendo esa misma conducta que tienen los niños con este trastorno.

Factores Biológicos

Factores Biológicos: Niños y adolescentes con conductas oposicional desafiantes vienen de:

a. Padres con un historial de deficiencia de atención y hiperactividad.
b. Padres con desordenes de depresión o bi-polaridad.
c. Padres con problemas de alcohol o abusos de substancias.
d. Padres sin control de impulsos.
e. Padres con desbalances químicos.
f. Madre que fume durante su embarazo
g. Padres expuestos a toxinas.
h. Padres con pobre nutrición.

Factores Psicológicos:

a. Pobre relación entre los padres (violencia, peleas)
b. Negligencia o ausencia de parentaje (no hay una persona observando y cuidando al chico)
c. Dificultad o inhabilidad de relaciones sociales muy pobres.

Factores Sociales:

a. Pobreza
b. Medio ambiente caótico
c. Abusos
d. Negligencias
e. Falta de supervisión
f. Pobre envolvimiento de los padres en las relaciones con sus hijos.
g. Inconsistencia en la disciplina
h. Inestabilidad familiar (como divorcios o movimientos frecuentes). Cuando se cambian de casas a menudo.

Las siguientes conductas están asociadas con niños oposicionales:

a. Rabietas constantes
b. Argumentos excesivos con los adultos.
c. Rechazan las reglas presentadas por los adultos.
d. Siempre están cuestionando las reglas.
e. Deliberadamente hacen que las personas se enojen con ellos.
f. Constantemente andan tocando a otros y molestando.
g. Hacen a otros responsables de sus errores.
h. Frecuentemente están enojados y molestos con otros.
i. Buscan venganzas.

Por lo general los niños con Conductas oposicional desafiantes no practican conductas delincuentes. También estos niños se relacionan con el desorden de temperamentos. Recordemos que los niños con depresión o bi-polaridad no son diagnosticados con el trastorno oposicional desafiante. Recientemente se ha descubierto que los niños varones que sufren *de este trastorno desplazan una conducta muy diferente a la conducta de las niñas. Las niñas demuestran su agresividad con palabras y no con acciones. Además, mienten mucho en cambio los niños varones son más prestos a perder el temperamento y físicamente atacar al adulto.*

LA CONDUCTA OPOSICIONAL DESAFIANTE PUEDE SER EVITADA:

Los investigadores han llegado a la conclusión de que con intervención temprana en la escuela y en programas terapéuticos preventivos ayudará a evitar que este desorden se desarrolle. Los programas escolares y diferentes ayudas de los servicios Humanos ayudarán a prevenir y a encontrar diferentes destrezas que se encargarán de manejar de una manera eficiente este desorden de conducta. Los niños comienzan a reconocer y tratar de resolver este conflicto que los limita a desarrollar una relación más efectiva entre ellos y sus padres.

En los jovencitos de 9 a 11 años el conflicto es mayor. Es en esta etapa de la vida que el niño pasa a reconocer que algo no positivo está ocurriendo en sus vidas. Psiquiatras, psicólogos, terapistas y educadores están tratando de darle una explicación a estas conductas oposicionales desafiantes que se han apoderado de nuestros niños. En la adolescencia la psicoterapia ha venido a reducir las conductas destructivas de los jóvenes. También en las escuelas donde el hostigamiento ha cesado podemos notar que los adolescentes han desarrollado destrezas positivas que han disminuido las conductas anti-sociales y han apoyado las relaciones positivas entre los niños y jóvenes. Educando los padres y presentando entrenamientos en cómo trabajar con conductas oposicionales desafiantes ayudará a nuestros niños en el proceso de recuperación. Estos programas de prevención proveerán técnicas de seguridad y estabilidad en nuestros niños. También es muy importante que los padres reciban un entrenamiento específico en el manejo de estos niños.

En el proceso terapéutico de estos niños con el desorden de conducta oposicional no existe un tratamiento específico. Los tratamientos más efectivos son creados de acuerdo a la severidad del caso. El tratamiento es preparado con individualidad e incluye la edad del niño y sus rasgos de agresividad. También es importante saber si el niño es un paciente de Salud Mental. Las metas y circunstancias de los padres son importantes para darle forma a un plan de tratamiento. En muchos casos la preparación del tratamiento puede durar meses antes de ser presentado como un plan a seguir.

TIPOS DE TRATAMIENTOS:

Los tratamientos por lo general son una combinación de los siguientes aspectos:

* *El problema de desafío y las destrezas en el tratamiento: Esto hará que la conducta inapropiada vaya disminuyendo a medida que el niño aprende formas y maneras de responder de una manera más apropiada frente a situaciones de tensión.*
* *Entrenamiento para la familia: Enseña a los padres y a los miembros de la familia como trabajar con estos niños. Enseñando diferentes técnicas para*

reforzar la disciplina positiva en los niños con el trastorno oposicional.

* Enseñar destrezas sociales y programas de base escolar: Enseñarle a los niños y adolescentes como relacionarse con sus compañeros y mejorar el trabajo escolar.

Medicamentos

Muchas veces los medicamentos son necesarios para controlar conductas inapropiados que caracterizan este trastorno. No se ha probado que solamente usando medicamentos sea efectivo en el trastorno oposicional desafiante. En muchos casos el medicamento usado para la hiperactividad puede hacer una intervención positiva en este trastorno. Muchas veces medicamentos usados con los adolescentes que sufren de ansiedad o depresión pueden ayudar a controlar síntomas del trastorno oposicional desafiante.

El Manual Estadístico de diagnóstico de Salud Mental {DSM-5} publicado por la

Asociación de Psiquiatras hace una lista con diferentes criterios que incluyen conductas dentro de este tratamiento que pueden durar hasta seis meses.

ENOJOS Y ESTADOS DE ÁNIMOS:

* *Por lo general pierden el temperamento rápido.*
* *Con frecuencia están sensibles y fácilmente molestos por la presencia de otros.*
* *Frecuentemente enojados y resentidos.*

ARGUMENTOS Y CONDUCTAS DESAFIANTES:

* *Por lo general argumentan con adultos o personas en autoridad.*
* *Casi siempre rechazan las reglas y pedidos de los adultos.*
* *Enojan a los demás deliberadamente.*
* *Por lo general culpan a otros por sus errores y malas conductas.*

TRASTORNO OPOSICIONAL DESAFIANTE VARIA EN SEVERIDAD:

a. *síntomas leves: síntomas que ocurren solo en sitios específicos, como en la casa, escuela o en la relación con otros jóvenes.*
b. *síntomas moderados: algunos síntomas ocurren en dos o tres sitios.*
c. *síntomas severos: algunos síntomas ocurren en cualquier lugar.*

En muchos casos algunos niños muestran por primera vez estas conductas inapropiadas mostradas en el hogar y otros lugares como la escuela y con amigos. Los niños al principio no ven su conducta como un problema. Ven las cosas como demandas que les están haciendo los adultos. Ven a sus padres y a figuras de autoridad como un problema de control.

CAUSAS:

No hay unas causas claramente investigadas para decir cual o cuales son las causas para que nuestros niños desarrollen este trastorno.

Podemos decir que hay factores genéticos y del medio ambiente. Genéticamente podemos decir que hay factores neurológicos en la manera que funcionan las neuronas cerebrales. En relación al medio ambiente podemos mencionar la falta de supervisión, la inconsistencia disciplinaria y los abusos o negligencias.

¿QUÉ CAUSA EL TRASTORNO OPOSICIONAL DESAFIANTE?

TEORÍA DEL DESARROLLO: *esta teoría sugiere que este trastorno comienza cuando lo niños tienen 15 a 24 meses. Los niños tienen problemas en independizarse de sus padres o de otras personas importantes para ellos. Al parecer están bien emocionalmente conectados. Estas conductas pueden presentarse hasta después de 2 a 3 años de edad.*

TEORÍA DE APRENDIZAJE: *esta teoría sugiere que los síntomas negativos de este trastorno son actitudes negativas aprendidas. Si los padres de los niños o jovencitos son de carácter endebles. Los niños van creando una conducta inapropiada y poco tolerante.*

Muchas veces los niños reciben regalos y presentes, aunque la conducta no es la deseada. Esto ocurre porque los padres quieren mantener la paz y la tranquilidad familiar. No quieren interrumpir el proceso de aparente paz entre la familia. Esto hace que los niños o jóvenes tomen ventaja y hacen lo que quieran.

FACTORES DE RIESGOS:

El trastorno oposicional desafiante es bien complicado. Posiblemente podemos incluir algunos factores de riesgos.

* *Temperamento: el niño que siempre está molesto y reacciona emocionalmente o tiene problemas de tolerancia.*
* *Sufrimiento en el área del parentaje: Los niños que son abusados, maltratados y con una inconsistencia disciplinaria y pobre supervisión de parte de los padres.*
* *Otros problemas familiares: El niño que tiene padres usadores de substancias y familiares con problemas de salud mental.*

COMPLICACIONES:

Los niños y jovencitos con el trastorno oposicional desafiante por lo general tienen problemas en sus casas, con amigos y la escuela. Los niños y los jóvenes con este trastorno tienen mucha dificultad haciendo amigos y manteniendo buenas relaciones. Este trastorno lleva a nuestros jóvenes a:

* Realizar pobres trabajos en la escuela,
* Tienen conductas anti-sociales,
* Problemas de impulsos y problemas de control,
* Usos de substancias,
* Suicidio.

Muchos de nuestros niños y jovencitos con el trastorno oposicional también tienen desórdenes mentales como:

* Desordenes de atención [ADHD].
* Desordenes de conducta.
* Depresión
* Ansiedad
* Desordenes de aprendizaje y comunicación.

En el hogar los padres deben siempre buscar el lado positivo de las conductas negativas. Reconocer de inmediato cuando el niño ha demostrado una conducta positiva.

Ej. 'Estoy tan contento que terminaste tu tarea escolar'. 'Me gusto la manera que limpiaste tu cuarto'.

Nos encanta que nuestros niños sean ejemplos positivos para otros niños. Tenemos que ser modelos de conducta para ellos. Los niños en su crecimiento buscan figuras que ellos puedan imitar. Si somos padres responsables estaremos en la tarea de ofrecerle a nuestros niños buenas destrezas familiares y sociales. Cada miembro de la familia debe estar dispuesto a mostrar ejemplos positivos dignos de ser imitado por nuestros muchachos. Hay ciertas conductas que deben de ser evitadas:

* No pelees, evita discusiones y la lucha de poderes.
* Presenta limites- da instrucciones claras y explica con claridad consecuencias razonables.
* Ten una rutina, desarrolla consistencia y ten un calendario claro. Pide ayuda

y juntos preparen el programa de la semana. Así el niño o joven se sentirá útil.

* *Desarrolle un tiempo para estar juntos: es muy importante dejar un tiempo donde puedas estar junto con el niño, ya sea hablando, jugando o haciendo algo que ambos les guste.*

* *Trabajar con el niño o el joven y sus maestros: asegúrate que el niño también tenga tiempo con los maestros, entrenadores y todo aquel que quiera ayudarlo a progresar en sus tareas diarias.*

* *Asígnale una tarea en su casa: recuerda que queremos ayudarlos a ser victoriosos en sus tareas. Debemos darle tareas fáciles y no complicadas. A medida que el vaya haciendo sus tareas estas pueden variar.*

* *Estar preparado para los cambios que se tendrán que hacer. Posiblemente al principio no sea tan fácil, pero para eso vamos a estar presentes para ayudarlos. Aunque el trabajo con niños o jóvenes con este trastorno no es fácil tenemos*

que estar constantemente buscando alternativas y ayudas profesionales. Los profesionales que están trabajando con los jóvenes o niños tienen que estar en comunicación directa con los padres.

Parte 2

La labor de los Padres en el hogar

Instruye al niño en su camino, y aun cuando fuere viejo no se apartará de él.
Proverbios 22:6

Cada ser humano busca contestaciones lógicas y claras para darle una explicación a lo que nos ocurre en el diario vivir. Cuando hablamos sobre las conductas de nuestros niños lo menos que pensamos es que ellos son esponjas que recogen todo lo bueno y lo malo de nuestras conductas. Recordemos que somos el ejemplo más claro a seguir. Ellos nos imitan en todos los aspectos. Los niños y jovencitos a menudo rechazan conceptos de autoridad que provienen de los padres o de las personas adultas en autoridad. Ellos siempre desean tener libertad a la hora de elegir o decidir sus deseos. El rechazo a la autoridad es bien notable en el nuevo modelo conceptual de familia. Podemos *notar que hay un movimiento de liberación en los niños que podíamos catalogarlo como rebeldía en masas. Actualmente tenemos padres atemorizados porque sus hijos han demostrado ser capaces de cruzar barreras familiares de respecto. Nuestros hijos han hecho desaparecer la palabra sometimiento y han introducido renuncia y desobediencia. Los padres tienen miedo de sus hijos. Como adultos quieren mantener la paz en el hogar. Muchos padres están siendo acusados a las autoridades solo por querer reprender a sus hijos y darles una corrección parental.*

Al comienzo de esta segunda parte les he presentado un versículo bíblico que afirma cuán importante es la corrección a temprana edad. Dice el filósofo Ingles Locke que los niños son como una tabla rasa. Él caracteriza el estado de la conciencia humana del alma del niño como una tablita donde todavía no se ha escrito nada. En mi trabajo con niños y jóvenes he podido notar las tensiones y el desbalance a la hora de mostrar conductas aceptadas en nuestra sociedad.

Los padres tienen que tomar seriamente la responsabilidad de la crianza. Por lo general nuestras conductas y nuestros ejemplos como padres son de mucho peso en la vida de nuestros chamacos. Si los padres han decidido educar a sus hijos con principios bíblicos basados en el amor esto traerá consecuencias positivas a lo largo de la crianza. Tengamos en cuenta que los niños aprenden observando a otros. Si los ejemplos de los padres son positivos y con bases bíblicas ellos podrán imitar y aprender con facilidad conductas aceptadas. Estamos claros en el hecho que las conductas de nuestros niños y jóvenes no es la mejor. En este tiempo el respeto a los padres y las figuras de autoridad se ha ido perdiendo. Los padres y las figuras de autoridad en nuestros tiempos tienen que estar buscando y demostrando positivismo y conductas dignas de admirar. No puedes enseñarles a tus hijos cosas positivas cuando lo más importante que es el ejemplo no está en acuerdo con tus palabras. Hoy día la cultura ha abandonado la base fundamental que es Cristo Jesús, el que nuestros matrimonios tengan tanto conflicto se debe a la ola humanista de nuestro tiempo que ha suplantado a Jesucristo. Para muchas personas incluyendo aún a los cristianos asumen que la salvación y el compromiso con Dios es solamente una etapa que ocurre después de los catorce o quince años de edad. Los niños despiertan a la etapa de consciencia desde muy temprana edad. La palabra de Dios nos aclara este punto con relación a los niños. Dice la palabra de Dios en Romanos 3:23 "Por cuanto todos pecamos estamos destituidos de la gloria de Dios".

Quisiéramos pensar que nuestros niños son santos, pero la Palabra de Dios no miente. Si el Trastorno Oposicional Desafiante tiene que ver con la crianza más que con lo genético entonces podíamos decir que lo podemos evitar o por lo menos minimizar.

En el trabajo con los niños que sufren de este trastorno he podido hacer pausas buscando alternativas que me ayudarán en mi trabajo. En muchas ocasiones he sido criticado por empleados, enfermeras y hasta psiquiatras que desconocen el camino perfecto para ayudar a estos niños. Para poder tener éxito en lo terapéutico es necesario tener amor y paciencia. Por lo general creemos que la psicología y el manejo de medicamentos traerá los cambios en los niños que sufren este trastorno. Se les ha olvidado que el creador es el que conoce *los corazones y podrá brindarnos alternativas que nos harán entender este trastorno. Es imposible trabajar con estas conductas sin conocer a fondo lo que está pasando con el ser humano. Muchos de estos problemas de conducta se deben a la falta de Dios. Hemos removido al Creador fuera de nuestras vidas. Queremos solucionarlo todo a nivel social o psicológico sin darle lugar al espíritu del ser humano. Somos seres espirituales nacidos para triunfar. El éxito en el trabajo con los niños y jóvenes que tienen este trastorno no puede ser tratado si no poseemos como motivación el amor de Dios. Cualquier disciplina aplicada a nuestros niños debe tener como centro el amor de Dios. En mi trabajo los éxitos que he obtenido han estado cimentados en el amor de Dios presentados a ellos terapéuticamente. Si la disciplina que usamos con nuestros muchachos es bíblica basada en el amor de Dios podremos experimentar un mayor éxito. Por medio de esta disciplina los niños podrán aprender a respetar las figuras de autoridad dentro y fuera del hogar. La Palabra de Dios tiene para nuestros niños reglas que se aplicarán tanto en la casa como en la comunidad. Los padres de* hoy día quieren paz y armonía en la relación con sus hijos. Para lograrlo muchas veces pasan por alto conductas inapropiadas. En muchas ocasiones la disciplina impartida parecerá dura y a veces poco agradable pero necesaria. En el libro de los Proverbios encontramos versículos que despertarán el deseo de ser padres responsables;

No corregir al hijo es no quererlo;
amarlo es disciplinarlos.
Proverbios 13:24.

Vemos cuán grande responsabilidad se nos ha dado. Claro, para entender esto tenemos que dar un paso de fe. Si no somos un ejemplo para nuestros niños se nos hará imposible poderlos instruir. En estos últimos años hemos podido notar la inconsistencia en el trabajo parental. Encontramos padres cansados, agobiados y sobe todo desorientados. Están tratando de educar y disciplinar a sus muchachos sin ninguna base de amor cristiano. Esto es imposible, nuestros pequeños aprenden viendo a las figuras de autoridad con respeto y admiración.

En los últimos veinte años he venido trabajando con niños que sufren del trastorno y he podido notar la severidad del asunto. He encontrado padres que van de un extremo de disciplina al otro extremo. Padres que desconocen su role en la dinámica familiar. Padres que creen que la mejor opción es el castigo corporal. Cuando vemos un niño con este trastorno queremos corregirlo de inmediato, olvidando que los tiempos son cada día diferentes y complicados. La mayoría de las veces lo que hacemos es enojar a nuestros muchachos tratando de cambiar lo que no nos gusta de ellos. Trabajar con la conducta humana es un reto. Necesitamos paciencia, amor y sobretodo comprensión. En el libro de Efesios el Apóstol Pablo nos dice:

Y ustedes, padres, no hagan enojar a sus hijos, sino críenlos según la disciplina e instrucción.
Efesios 6:4

Tenemos que estar conscientes que nuestros muchachos necesitan su espacio y sobre todo tenemos que respetar sus opiniones y decisiones. Ellos necesitan nuestros consejos de amor y consideración. La disciplina en el hogar viene hacer la base fundamental de nuestros muchachos. Si el medio ambiente en el hogar es disfuncional no esperemos un niño balanceado emocionalmente y estable. Los padres tienen que proveer un ambiente saludable y esperanzador. Por lo general nuestros muchachos nos retan y nos presentan situaciones complicadas en el diario vivir.

El caso de Robert

Robert era un jovencito de unos siete años que había llegado a nuestro hospital por exhibir conductas sexuales inapropiadas. Estas conductas inapropiadas estaban contaminando todo el seno familiar. La mamá de Robert era alcohólica y su padre militar de las fuerzas armadas. Para Robert era muy fácil hacer su voluntad ya que su padre trabajaba todo el día y su madre dormía las mañanas. En otras palabras no había ninguna disciplina en este hogar. Robert y su hermanita por lo general estaban solos en la casa y tenían acceso a la *colección de películas pornográfica que tenían en la casa. Una mañana Robert se levantó y muy cauteloso llegó al cuarto de su hermanita la cual se encontraba profundamente dormida. Este aprovechó este momento para comenzar a practicar lo aprendido en las películas pornográficas. Su hermanita y Robert comienzan a practicar lo antes visto en el hogar. La joven que se encontraba haciendo los quehaceres de este hogar sorprende a los niños en este acto tan aberrado. Para muchos de nosotros es muy triste cuando nuestros muchachos se contaminan de esta forma. Nos preguntamos, ¿Qué hacían esas películas pornográficas en la casa? ¿Por cuánto tiempo eso viene pasando? Lo primero que hacen los padres de estos muchachos es declararlos "enfermos sexuales". Los padres llegan a nuestras facilidades acusando al niño de oportunista y tóxico por haber exhibido esa conducta sexual inapropiada. Para nosotros aceptar al niño en nuestro hospital de la Conducta es necesario que haya un criterio peligroso y bastante aberrado. La conducta sexual inapropiada es un criterio bastante justificable para admitir al muchacho en el hospital. Nos sorprendemos cuando recibimos el reporte de admisión ya que los niños a esa edad lo que aprenden es lo visto, lo que ha entrado a través de sus ojos. Recordemos que a esa edad no hay discriminación son esponjas que absorben todo, tanto lo bueno como lo malo. Los psiquiatras y los terapistas trabajan en base a lo antes escrito en la admisión. ¿Quién daño la mente del niño? Al comenzar a trabajar con los pequeños estamos ignorando la raíz del problema. Qué bueno sería si los padres de Robert también fueran a tratamiento. Así aprenderían a ser más responsables y disciplinados en la crianza de sus hijos. Desafortunadamente así no es como trabaja el sistema. Es por eso que al Robert terminar su tratamiento puede ser que vuelva a casa o a un hogar del Estado.*

Quería presentarle el caso de Robert para que podamos entender lo caótico del sistema. Nuestros chicos continúan teniendo conductas cada vez peor. No tienen un modelo a seguir. El modelo familiar esta corrupto. Dejaron al creador y ahora viven sin reglas espirituales a seguir. La Palabra de Nuestro Señor y Salvador Jesucristo nos exhorta a ser cuidadosos en nuestra manera de hablar, criar y sobre todo en la enseñanza de la Palabra de Dios. El niño que obedece a sus padres tendrá larga vida. Pero por esas enseñanzas nos toca a nosotros enseñárselas a ellos. Tenemos que ser el ejemplo a seguir. En la epístola de Pablo a los Efesios 6: 2 y 3 nos dice:

> Honra a tu padre y a tu madre que es el primer mandamiento con promesa,
> Para que te vaya bien y disfrutes de una larga vida en la tierra.

Nuestros niños muchas veces no reciben estas bendiciones porque desde que son pequeños fracasamos en enseñárselas. Luego hacemos responsables a los maestros y nuestros vecinos por nuestra mala manera de criar. Dios nos ha dado una tarea como padres y tenemos que cumplirla. Es una labor que toma tiempo y dedicación.

En mis años de niñez fui muy afortunado. Aunque no teníamos lujos y éramos considerados una familia pobre, mi madre se ocupó de enseñarme el temor de Dios. Comencé *mi escuela bíblica a la edad de tres años. Ahí fui creciendo y conociendo las promesas de nuestro Señor Jesucristo. Recuerdo como gozaba y cuán grande disfrute. Si quieres saber más de mi niñez te recomiendo que leas uno de mis libros más maravilloso *Dios y hombre de carne y huesos*, en este libro relato lo maravillosa que fue mi niñez.*

Como muchas enfermedades en el área de Salud Mental cuesta mucho trabajo diagnosticarlas. El trastorno Oposicional Desafiante no es una excepción. Una comunicación efectiva entre los padres y los trabajadores de Salud Mental ayudará a diagnosticar este trastorno con mayor efectividad y rapidez. Muchos padres esperan que sus hijos salgan de hospital o del tratamiento completamente sanos. Quiero recordarles a los padres que nadie puede hacer el trabajo designado en la crianza. El tratamiento toma tiempo pues ahora tenemos niños autónomos que se resisten al tratamiento. Es por eso que las enseñanzas bíblicas son tan importantes en esos primeros años de crianza del niño. Quiero mencionar que el medio ambiente influye grandemente en el crecimiento del niño. Cómo mencione anteriormente es muy necesario conocer el territorio donde se mueven nuestros niños. Cuando hay falta de supervisión ellos se aprovechan para ocupar su tiempo. Buscan formas creativas que posiblemente no son las más saludables. Es por eso que la crianza tiene que ir mano a mano con la supervisión. Recordemos que muchos de los niños con el trastorno oposicional sufren también de hiperactividad, desordenes de depresión, desordenes de aprendizaje y desordenes del lenguaje. Al parecer todos estos trastornos tienen similitudes. Investigaciones científicas han llegado a la conclusión que muchos de estos desordenes conductuales poseen las mismas características.

Parte 3

Consejos Terapéuticos

En los años 70 cuando apenas tenía catorce años descubrí que mi hermano mediano tenía unas conductas bien agresivas y me atrevería a decir que un poco desafiante. Nos habíamos criado sin un padre y en un medio ambiente bastante deprimente. Mi padre había muerto a causa del alcoholismo. Teníamos muchas carencias, tanto económicas como emocionales. Mi madre tuvo que salir a trabajar y nosotros tuvimos que muchas veces depender de los vecinos para conseguir el alimento. Mis hermanos mayores especialmente los varones estaban sin supervisión. Recuerdo que una mañana mi hermano mediano llegó borracho a la pequeña casa dónde vivíamos. Su carácter bien explosivo y un poco agresivo. Recuerdo que mi madre tratando de corregir su aberrada conducta comenzó a darle un consejo de amor, éste lleno de ira comenzó a maldecir y a gritarle a nuestra madre. Mi madre *muy sabia permaneció callada hasta que mi hermano se controló. Uno de los problemas de mi hermano era la renuencia. Era un chamaco agresivo y voluntarioso. Creo que la falta de atención y la condición de pobreza hizo que fuera un muchacho desafiante. Recuerdo que desde temprana edad tenía dificultad con las figuras de autoridad. Mi hermano no podía aceptar la palabra *No*, en sus años de adolescencia peleaba y su conducta en la escuela era bien desafiante. A medida que fue creciendo formó sus propios valores y reglas personales. Recordemos que creció solo en un ambiente bien corrupto. Aunque crecimos en el mismo medio ambiente mi visión del mundo era distinta a la de mis hermanos. Es de suma importancia reconocer que cada uno de nuestros niños reaccionará diferente ante estímulos similares. Cada niño es un ende social individual y su percepción del mundo varía dependiendo de cuanta información el niño internalice del medio ambiente. En el caso de mi hermano habían factores de riesgo en la comunidad. Hubiera sido necesaria una explicación del medio ambiente tan corrupto, pero no existía la supervisión.*

El niño necesita supervisión y una guía para que ellos puedan alcanzar metas favorables. Sabemos que es necesario llevarlos de la mano y al paso para así hablarles de nuestras expectativas. Tenemos que comenzar a trabajar con sus sueños. Nuestros niños están esperando que nosotros estemos dispuestos a luchar con ellos. Recordemos que en el proceso de crianza hay tiempos oscuros que nos impiden avanzar. Por lo general educando y diciendo presente en la vida de nuestros muchachos obtendremos la victoria. Una de las frases que paran el proceso es el minimizar la capacidad de nuestros hijos. Por lo general decimos " Es que el chamaco no sabe cómo hacerlo". Así nos pasamos parte de la niñez de ellos justificando conductas inapropiadas. Nos cuenta enfrentarnos a la realidad de nuestros días. Cómo padres tenemos una gran tarea que llevar acabo. Para que haya efectividad en la crianza tienes que ser un modelo a seguir, por ejemplo- Si no quieres que tú hijo sea irrespetuoso, tú cómo padre aprende a respetarlo. Si no quieres que fume cigarrillos, entonces no le eches el humo de tu cigarrillo en su cara. Si no quieres que sean borracho entonces no te emborraches tú. Los niños aprenden mirando he imitando a sus padres. Recordemos que los chicos andan buscando modelos a seguir. Son los padres los primeros seleccionados a imitar.

Cuando nos referimos a los niños con trastorno oposicional desafiante tengamos en cuenta la trayectoria del hogar. Este trastorno tiene como base negligencia, abusos y sobre todo soledad que se puede definir cómo falta de supervisión. Es bien importante reconocer que los niños aprenden viendo. Desde que son pequeñitos vienen mirando he imitando. Creo que todos recordamos nuestro "yo". Ese yo controlador y de pertinencia. Desde que un niño aprende a socializar también comienza acelerar el proceso de pertenencia. Es por eso que los niños siempre dicen, "eso es mío", aunque no sea de ellos. Ese "yo" se internaliza y cree que todo es de ellos. Hace alrededor de unos años conocí una familia Nativa que tenían cuatro niños. Los padres fueron a nuestro Hospital de Conducta porque uno de sus hijos de siete años tenía un problema de control. Dominaba a todos sus hermanitos y siempre tomaba los juguetes de los demás y los escondía. Los padres estaban bien molestos ya que ese problema cada día *se hacía más complicado. En la admisión pude entender que esa conducta del muchacho había sido aprendida en el hogar. La madre nos cuenta que el papá es un controlador excesivo. En el hogar no se pueden tomar decisiones sin consultar con el papá. Ahí podemos ver que el niño lo que ha hecho es imitar lo que se hace en casa. El niño no nació con este problema de control.*

Es imposible tratar de brindarle a los niños un ambiente saludable cuando los modelos a seguir están completamente erróneos. Los padres tienen cómo tarea proveer un ambiente sano y sobre todo lleno de amor y respeto. Los padres tienen cómo requisito primordial entrenar a sus hijos en el temor de Dios. No podemos educarlos sin ese esencial requisito. Tenemos que constantemente examinar lo que hacen para así poderlos dirigir con rectitud espiritual. Esto hace que se cree un vínculo de amistad. Estableciendo una relación positiva nuestros muchachos podrán entender y aceptar lo dicho por los padres. Es muy difícil trabajar con ellos sin establecer un vínculo amoroso y amistoso. Es necesario que el chamaco se sienta importante y querido por sus padres. Nosotros cómo padres tenemos la obligación de gustarle a nuestros hijos. Es hermoso cuando los jóvenes dicen "Me gusta hablar con mis padres". Podemos ver ahí un lazo de amistad y de paz.

Los padres necesitan tener un plan para bregar con este trastorno de oposición desafiante. Quiero darles algunas sugerencias que pueden armonizar con los principios Bíblicos.

* Conocer los amigos de tus hijos. Permitir que ellos visiten tú casa.

Esta práctica fue usada por mi madre desde que yo era muy pequeño. Mi madre permitía que mis amigos me visitarán y así ella los trataba de conocer. En muchas ocasiones mi madre cocinaba platos exquisitos he invitaba a mis amigos. Muchas veces llegaba un poco tarde de la Universidad y ya mis amigos se encontraban en mi casa.

* Entrañar a tus hijos desde temprana edad valores y respeto. Es vital la enseñanza del Poder Superior. Por lo

general los padres son la única fuente espiritual disponible a su temprana edad.

* *Es tu labor apoyarlos y decir presente en todas las actividades extracurriculares, tanto escolares cómo eclesiásticas. Recuerda que la escuela y la iglesia te ayudarán en la buena y saludable crianza, pero la responsabilidad es tuya.*

* *Recuerda siempre que eres el adulto. Aprende a ser un ejemplo claro para tus hijos. No prediques lo que no haces. Ten presente que el ejemplo habla más que las palabras.*

* *Tengamos un plan a seguir. Los padres tienen que tener en mente que los muchachos en su crecimiento tienen sus propias ideas las cuales tenemos que respetar. Siempre teniendo un plan de amor y paciencia.*

* *Siempre debemos estar dispuestos a caminar con ellos las millas que sean necesarias. Cómo cristianos y padres ejemplares debemos de participar de cualquier actividad que tengan nuestros muchachos. Envolvernos con*

ellos en lo secular de su diario vivir. Seamos prácticos y aprendamos a ver el mundo a través de nuestros hijos. Recordemos que es Dios el que nos ha dado la responsabilidad de entrenarlos. Aprendamos hacer un buen trabajo, (Efesios 6:4)

"Y vosotros, padre, no provoquéis a ira a vuestros hijos, sino criarlos en disciplina y amonestación del Señor".

Conclusión

Querido lector quiero llevarte a pensar de una manera práctica. Miremos por un momento el capítulo seis del Evangelio según San Lucas. Vayamos juntos a los versículos 46 al 49. Dice así la Palabra de Nuestro Señor Jesucristo:

"¿Por qué me llamáis, Señor, Señor, y no hacéis lo que digo? Todo aquel que viene a mí, y oye mis palabras y las hace, os indicaré a quién es semejante. Semejante es al hombre que al edificar una casa, cavó y ahondo y puso el fundamento sobre la roca; y cuando vino una inundación, el río dio con ímpetu contra aquella casa, pero no la pudo mover, porque estaba fundada sobre la roca. Mas el que oyó y no hizo, semejante es al hombre que edificó su casa sobre tierra, sin fundamento; contra la cual el río dio con ímpetu y luego cayó, y fue grande la ruina de aquella casa".

Posiblemente luego de haber leído estos versículos te preguntarás, ¿Qué tienen que ver los niños oposicionales con estos versículos? Sencillo, nosotros cómo padres tenemos que aprender a edificar nuestros hijos. Deberíamos ser un ejemplo a seguir. Modelos de conducta para nuestros pequeños. La ambivalencia y la falta de reglas disciplinarías harán que nuestros chicos tengan cimientos débiles. Por lo general los muchachos con este trastorno viene de hogares disfuncionales, hogares con poca supervisión y hogares dónde la dimensión espiritual no existe. Cómo profesional de la salud y con cuarenta años trabajando con estos niños me atrevo hacer estos comentarios. Los padres no han sabido trabajar en la crianza de sus hijos o los han abandonado a su suerte. Ha habido vagancia de parentaje. Es muy triste decir que la labor de parentaje no ha tenido excito, cuando la verdad es que nos hemos cansado y hemos dejado de estorbarle a nuestros hijos. Cuando hablo de estorbarle me refiero al hecho de a cada conducta darle una explicación apropiada. Es más fácil decir que sí y no tener un chamaco en la casa enojado y malhumorado todo un día. Queremos *mantener la guerra en paz. NO, NO, NO... tenemos que trabajar con nuestros hijos y las emociones negativas y hacer uso del consejo y la plática saludable y amorosa. Recuerda que esa técnica no proviene de tí. Para poder tener excito necesitamos paciencia, entrega y amor. Esas son características de la mujer y el hombre cristianos. Cuando la crianza carece de bases cristianas es entonces que podemos decir ese niño fue criado sin fundamento. Recuerda que su crianza no fue creada sobre la roca. Recuerda que la roca es Nuestro Señor y Salvador Cristo. Cómo padres no hemos hecho el trabajo que Dios exige de nosotros.*

Desde que los niños nacen piden a grito disciplina. Jean Piaget el padre de la Epistemología genética nacido en Ginebra Suiza decía: "Un niño nunca dibuja su interpretación de ello. Dibuja la que sabe de él." El niño funciona y actúa en base a lo que conoce de él mismo. El niño en la crianza necesita ser instruido para así poder dibujar su propia imagen. Una de las teorías de Piaget nos dice que debemos formar en los niños mentes críticas que puedan verificar y no aceptar todo lo que se le ofrece. Si la crianza de nuestros chicos logramos estas metas serán muchachos sanos y saludables.

Cuando nuestros niños llegan a terapias clínicas vienen buscando identidad. Vienen renuentes, molestos y sobre todo agresivos. Al parecer el fundamento básico no está presente. Han creado sus propias conductas que los han hecho niños desafiantes. Han crecido sin fundamento. Aunque siempre digo que es una cadena. Cuando vemos niños tan disfuncionales tenemos que reconocer que por lo general los padres también fueron criados en hogares disfuncionales. Hemos remplazado el temor de Dios por lo secular. Para muchos padres su prioridad es el estudio y que sus hijos obtengan una profesión. Pero se nos olvidó que para alcanzar esa meta es necesaria la crianza efectiva y saludable con bases espirituales.

Los niños desde el momento que nacen vienen buscando que hacer en este mundo. Ellos tienen una capacidad extraordinaria para llegar a conocer su medio ambiente y lograr enfrentarse a esas metas. Lo logran con sus padres o sin ellos. Los niños necesitan confiar en sus propias capacidades y aprender a moldear de una manera efectiva sus talentos personales. Los niños tienen destrezas maravillosas que nos sorprenderán durante el proceso de crecimiento. Quiero presentarle diez formas para preparar a nuestros niños para que así puedan aprovechar sus capacidades.

1. *No se enoje con ellos cuando cometen errores: recuerda que tú eres su guía a seguir. Enséñale a reconocer que los errores son parte del aprendizaje.*

2. *Sea usted el modelo de confianza: no dañe esa conexión por nada del mundo. El niño tiene que sentirse confiado y contento de tener sus padres como bases en su crecimiento.*

3. *Permitan que los niños fracasen: Por lo general siempre queremos proteger a nuestros muchachos, pero el permitirles fracasar ayudará a que ellos aprendan a levantarse. Tenemos que enseñarles que el fracaso es como un ensayo donde todos en algún momento de la vida vamos a pasar. Esto les enseñará a esforzarse cada día más.*

4. *Anímelos a probar cosas nuevas: es bueno aprender nuevas cosas. No*

solamente explotar las cosas que ya dominas. Es bueno alcanzar nuevas habilidades.

5. *Establecer metas: metas a corto o largo plazo. Ayude a sus hijos a soñar sobre su futuro. Dales herramientas sanas y saludable dónde sea Dios el eje de esos sueños.*

6. *Ayude a sus hijos a buscar lo que los apasiona: motívelos a explorar sus intereses personales. Dejar que maduren y sean apasionados en lo que hagan.*

7. *Aceptar la imperfección: recordemos que por lo general el chico quiere buscar las formas de agradarnos. Posiblemente su dibujo no es el más bonito, pero yo elogiaré su esfuerzo.*

8. *Esperen que ellos colaboren: déjalos que te ayuden, aunque tú lo tengas que volver hacer. Ellos se sienten útiles ayudándote.*

9. *Prepáralos para el éxito: Es bueno que ellos tengan retos que puedan vencer. Necesitan que los ayudemos a buscar actividades en la que ellos se sientan cómodos.*

10. *Muéstrales tú amor en todo tiempo: Nuestros niños necesitan el amamanto y la comprensión de sus padres.*

Estudios han demostrado que la intervención parental es efectiva en el tratamiento de los niños con el trastorno oposicional desafiante. El entrenamiento dado a los padres ayudará a mantener una relación positiva y manejable. Los padres deben aumentar las practicas positivas y proveer un ambiente de comprensión. Cómo muchos desórdenes de la salud el trastorno oposicional desafiante requiere una comunicación positiva y constante. Nuestros chicos necesitan el apoyo y la validación de sus padres, sobre todo. Esa parte no se puede omitir, es necesaria.

Investigaciones científicas indican que algunos niños que sufren el trastorno oposicional desafiante también presentan síntomas del desorden de ansiedad. Podemos ver cómo estos desórdenes pueden ocurrir al mismo tiempo. Los dos desórdenes comparten síntomas comunes de conductas inapropiadas y agresivas. Doctores han encontrado que el trastorno oposicional desafiante es el precursor del desorden de conducta (CD). El desorden de conducta es un diagnóstico más serio que resulta en conducta antisocial destructiva. Mientras que el trastorno oposicional desafiante comienza a edad pre-escolar temprana, el desorden de conducta aparece más tarde. Estudios han demostrado que el desorden de conducta pone en riesgo a niños y a adolescentes a sufrir de conductas anti-sociales en su etapa adulta.

Quiero dejarles con este pensamiento en mente. Expertos y estudiosos han descubierto que técnicas cómo: academias militares, y terapias de oposición (tough-love camps) o terapias de miedo (scare tactics) no son efectivas en el tratamiento del trastorno oposicional desafiante. En efecto estas técnicas hacen agudizar más la problemática en nuestros niños y adolescentes. Los chicos responden mejor a un tratamiento positivo y amoroso.

Bibliografía

- *Barkley, R (1998) Hijos desafiantes y Rebeldes. Consejos para recuperar el afecto y lograr una mejor relación con su hijo. Nueva York: Guildford Press*
- *Casidoro de Valera. (1960) Santa Biblia, Sociedades Bíblicas, Rio Piedras, Puerto Rico.*
- *Esparó, E. Canals, J. Torrente (2004). Psychological Problems and associated factors at 6 years of age Differences between sexes. The Spanish Journal of Psychology.*
- *Greene, R, Ablon, I. Goring, I (2004) Children with Oppositional Defiant Disorder Journal of Consulting and Clinical Psychology.*
- *Querol, S. (2005) Test de la persona bajo la lluvia, Adaptación y Aplicación: Buenos Aires: Lugar Editorial.*
- *Sanshis, A. y Romero, A. (2012) Trastorno del Comportamiento Negativista Desafiante y otros Problemas del Comportamiento. org: imagenes-USER*